ERST PUPSEN DANN ABTAUCHEN

arsEdition

INHALT

TIERE KÖNNEN ALLES:

SCHIESSEN, BOXEN ODER ÜBER WASSER LAUFEN

Das größte Tier auf unserer Erde, den Blauwal, kennt man. Auch das schnellste Landtier, der Gepard, ist kein Unbekannter. Die Liste der Rekordhalter lässt sich lange fortsetzen. Neben diesen bekannten Größen gibt es auch ganz unscheinbare Zeitgenossen, die erstaunliche Fähigkeiten besitzen: Kleine Käfer können um die Ecke schießen, Krebse mit der Geschwindigkeit einer Gewehrkugel zuschlagen oder Echsen relativ lange Strecken über Wasser laufen, um ihre verwirrten Fressfeinde am Ufer zurückzulassen.

Viele Tiere entwickeln erstaunliche Fähigkeiten, entweder um auf un-gewöhnliche Weise an ihr Futter zu gelangen oder aber um sich vor ihren natürlichen Feinden zu schützen. So gibt es einen Tintenfisch, der 15 verschiedene Unterwassertiere nachahmen kann – nur um Fischen, die ihn fressen wollen, den Appetit zu verderben. Auch sie kauen näm-lich nicht gerne auf vielen Gräten herum.

Immer wieder ist es faszinierend, welche Fähigkeiten Tiere haben und wie sie sich ihrem Lebensraum an-passen. Die Entdeckungsreise kann beginnen: In diesem Buch werden besonders ausgefallene Lebewesen vorgestellt.

WASSER-SPRINTER:
DIE JESUS-CHRISTUS-ECHSE

Die Jesus-Christus-Echse, auch Stirnlappenbasilisk genannt, ist kein Fabelwesen, sie gibt es wirklich. Der Basilisk kann kurze Strecken über die Wasseroberfläche laufen.

Indem er ...

... seine Füße mit hoher Geschwindigkeit auf die Wasseroberfläche »knallt«, dadurch erscheint sie »härter«.

... eine größere Auftrittsfläche der Füße besitzt durch verbreiterte Zehen und fransige Fortsätze.

... eine sehr gute Beschleunigung entwickelt.

Unter der speziellen Haut an den Füßen bilden sich Luftblasen, die dem 200 Gramm schweren Tier Auftrieb verleihen.

Viel Zeit verbringt die Jesus-Christus-Echse mit dem Sonnenbaden – meist in den Baumwipfeln!

Nahrung

Basilisken ernähren sich von Pflanzen und Obst. Sie sind aber keine Kostverächter: Kommt ihnen ein Insekt, eine Schnecke, ein kleines Wirbeltier oder ein Fisch unter, dann fressen sie die ebenfalls.

Fortpflanzung

Die Weibchen legen fünf- bis acht-mal pro Jahr ihre Eier. Das können bis zu 20 Stück sein. Sie werden in den Boden eingegraben. Je nach Außentemperatur schlüpfen die Jungen nach 70 bis 150 Tagen.

Special

Sobald die kleinen Basilisken geschlüpft sind, können sie alles, was die großen auch können: über Wasser rennen, schwimmen und klettern. Basilisken laufen mit einer Geschwindigkeit von 1,5 Meter pro Sekunde davon – auf beiden Hinterbeinen. Sollten sie doch einmal untergehen, schadet es ihnen nicht: Die Jesus-Christus-Echse ist ein sehr guter Schwimmer und kann bis zu 30 Minuten tauchen.

KAUM ZU GLAUBEN

Strecke über Wasser:
von 5 m bis 20 m   100 m

Zeit unter Wasser:
0 bis 30 Minuten   60 Min.

FLUGKÜNSTLER:
DER WALLACE-FLUGFROSCH

Wenn der Flugfrosch seine Flughäute
ausbreitet und von Baum zu Baum
gleitet, dann sieht es fast so aus, als
ob Superman durch die Lüfte saust.

So fliegt er:

… um zu starten, lässt er sich von einem Ast fallen.

… spannt die Flughäute zwischen seinen
Fingern und Zehen auf. So kann er bis zu
20 Meter weit gleiten.

… steuert seinen Flug, indem er die Position
von Händen und Füßen verändert.

Special

Der Flugfrosch hat an seinen Finger- und Zehenenden Haftscheiben, die ihm beim Klettern helfen. An den Fingern sind sie deutlich größer, insbesondere am dritten. Er braucht sie, um sich auf den Bäumen sicher bewegen zu können.

STECKBRIEF

GRÖSSE: 9 bis 10 cm

LEBENSERWARTUNG: ca. 5 bis 6 Jahre

LEBENSRAUM: Südthailand bis über die Malaiische Halbinsel, Sumatra, Borneo

NAHRUNG: Insekten

Fortpflanzung

Die Weibchen produzieren ein Sekret, das sie mit ihren Hinterbeinen zu Schaum schlagen. Daraus formen sie Nester, die sie über Pfützen oder Tümpeln an Blätter heften. In die Nester legen sie ihre Eier, die dort von den Männchen befruchtet werden. Sind die Kaulquappen geschlüpft, lassen sie sich in das Gewässer unter dem Nest fallen. Im Wasser durchlaufen sie ihre Metamorphose von der Kaulquappe zum Frosch. Dann verlassen sie das feuchte Element, um auf Bäume zu klettern und zu fliegen.

Im Lauf der Evolution haben sich bei dieser Froschart die Schwimmhäute in auffällige Flughäute verwandelt.

KAUM ZU GLAUBEN

Strecke in der Luft:

bis zu 20 m   100 m

Höhe Lebensraum:

bis über 2000 m   10 000 m

SCHLAGKRÄFTIG:
DER FANGSCHRECKENKREBS

Das erste Beinpaar des Krebses hat sich im Lauf der Evolution zu einem Putzorgan mit Bürsten ausgebildet, das zweite zu Keulen, die brutal zuschlagen können.

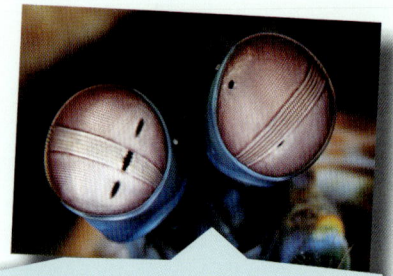

Die Augen des Krebses sind besondere Sinnesorgane. Sie erfassen ihre Umwelt ähnlich wie der Scanner einer Supermarktkasse.

Superschlagkraft durch:

... das zweite Beinpaar ist ein Paar gewaltiger Keulen. Dank besonders starker Muskeln können sie explosionsartig vorschnellen.

... die Keule erreicht eine Geschwindigkeit von 23 m/s, das entspricht 82 km/h. Damit ist der Schlag eine der schnellsten Bewegungen im Tierreich.

... der Aufprall des Schlagbeins entspricht dem einer Gewehrkugel, dadurch ist die Beute chancenlos.

Nahrung

Erlegt werden »weiche« Tiere, z. B. kleine Fische oder Garnelen. Die Wucht der Schlagarme hilft dem Fangschreckenkrebs, auch »harte« Tiere wie Meeresschnecken oder gepanzerte Krebse zu erlegen und aufzuknacken.

STECKBRIEF

GRÖSSE: von 1–2 cm bis 18 cm

LEBENSERWARTUNG: bis zu 6 Jahre

LEBENSRAUM: tropische und subtropische Meere

Der Fangschreckenkrebs schillert wunderschön in verschiedenen Farben. Sie sagen etwas über den Zustand des Tieres aus. Rot bedeutet z. B. »Gefahr«.

Special

Um alle Farben zu sehen, die es auf dem bunten Meeresboden gibt, reichen sieben Rezeptoren im Auge aus. Der Fangschreckenkrebs hat zwölf. Damit kann er Farben nicht besser erkennen, aber dafür besonders schnell und zuverlässig bestimmen, ob es sich um lohnende Beute handelt. Die Augen sitzen auf Stielen und werden unabhängig voneinander bewegt. Der Krebs kann sein Opfer damit aus sechs verschiedenen Perspektiven beobachten.

Fortpflanzung

Nach der Paarung legen die Weibchen ca. 50 000 Eier, die sie miteinander verkitten. Dann tragen sie sie ca. zehn Wochen mit sich herum. Die Brutpflege der Weibchen dauert an, bis die fast durchsichtigen Larven geschlüpft sind.

KAUM ZU GLAUBEN

Schlaggeschwindigkeit:
82 km/h   100 km/h

FARBWECHSLER:
DAS PANTHERCHAMÄLEON

Das Chamäleon verändert seine Farbe, um sich zu tarnen und um mit seinen Artgenossen zu kommunizieren.

So funktioniert es:

... winzige Kristalle in der Haut, die Licht reflektieren, sind für die Farbveränderung zuständig, die beim Chamäleon von Grün über Gelb, Blau bis hin zu Rot geht.

... die Kristalle sind in Netze eingebunden, die in der Haut in zwei Schichten übereinanderliegen. Wie dicht das Netz geknüpft ist, kann das Chamäleon bestimmen.

... ist das Netz engmaschig, dann erscheint die Haut blaugrün. Regt sich das Tier auf, lockert sich das Netz, und die Haut funkelt rot oder gelb.

Schläft das Chamäleon, dann ist sein Schwanz eingerollt. Klettert es, umgreift der Schwanz Äste und stabilisiert das Tier.

Die Spitze der Chamäleonzunge ähnelt dem Greifmechanismus eines Elefantenrüssels.

GRÖSSE: bis 55 cm

LEBENSERWARTUNG: bis zu 15 Jahre

LEBENSRAUM: Ostküste Madagaskars und nahe gelegene Inseln

Fortpflanzung

Etwa 18 bis 30 Tage nach der Paarung sucht sich das Weibchen einen geschützten Ablageplatz für seine Eier. Dort gräbt es einen bis zu 30 Zentimeter langen Tunnel. Es legt die Eier hinein und deckt das Loch so ab, dass es kaum mehr zu erkennen ist. Nach sechs bis 12 Monaten schlüpfen 12 bis 30 Junge.

Special

Das Chamäleon kann seine Augen unabhängig voneinander steuern, außerdem sind sie sehr beweglich. Das Licht wird in der Augenlinse des Tieres nicht gebündelt, sondern gestreut. So erscheint ein großes Bild der Beute auf der Netzhaut, das sehr scharf ist. Die speziellen Augen helfen dem Chamäleon, seine Zunge ganz präzise zu schleudern. Da die Zunge mit 5 m/s aus dem Maul schießt, kann das Tier den Vorgang nicht mehr beeinflussen.

Nahrung

Mit ihrer Schleuderzunge fangen Chamäleons hauptsächlich Insekten wie Heuschrecken, Schaben, Grillen oder Motten. Zwischendurch kann auch mal ein Mäusebaby verspeist werden.

KAUM ZU GLAUBEN

Zungenschuss:
5 m/s

WASSERPISTOLE:
DER SCHÜTZENFISCH

Je nach Entfernung der Beute variiert der Fisch den Wasserstrahl. So ist sichergestellt, dass die Beute wirklich im Wasser landet.

So trifft er:

... der Schützenfisch jagt außerhalb des Wassers mit Wasser. Er schießt mit einem Wasserstrahl seine Beute von den Blättern der ufernahen Pflanzen.

... seine Technik besteht darin, den Wasserstrahl an der Spitze zu einem großen Tropfen zu verdichten. Damit steigt die Heftigkeit des Aufpralls.

... je nach Entfernung des Ziels verändert er die Geschwindigkeit beim Öffnen und Schließen seines Mauls. Die Opfer werden deshalb immer mit der gleichen Wucht getroffen.

Nahrung

Der Schützenfisch frisst alle Insekten, die am Rande von Gewässern leben. Er frisst ausschließlich die an der Wasseroberfläche erbeuteten Tiere. Tiere, die bereits verendet im Wasser treiben, verschmäht er.

Fortpflanzung

Schützenfische leben im Brackwasser. Während der Fortpflanzungszeit suchen die Fische Korallenriffe auf. Dort laichen die Weibchen 20 000 bis 150 000 Eier ab. Die Jungfische wandern nach dem Schlüpfen wieder in die angestammten Gewässer zurück.

STECKBRIEF

GRÖSSE: bis zu 20 cm

LEBENSERWARTUNG: bis zu 12 Jahre

LEBENSRAUM: tropische Meere Asiens

Ein besonderes Kennzeichen des Schützenfisches ist das schräg nach oben gerichtete Maul. Es ermöglicht ihm, einen zielgenauen Wasserstrahl zu spucken.

Special

Die Kraft des Wasserstrahls, den der Fisch abschießt, übersteigt um das Sechsfache seine Muskelkraft. Der Fisch stößt das Wasser erst langsam und dann immer schneller aus. Trifft das Wasser auf die Beute, hat das schnellere das langsamere eingeholt. Ein riesiger, schwerer Tropfen schießt das Beutetier ab. Der Fisch zielt sehr genau, er lässt sich nicht von der Brechung des Lichts an der Wasseroberfläche irritieren.

KAUM ZU GLAUBEN

Schussweite: bis zu 2 m

Schussgeschwindigkeit: 45 m/s

SCHLEIM-SPUCKER:
DER STUMMELFÜSSER

Der Stümmelfüßer hat eine besondere Technik entwickelt, um seine Beute zu fangen: An beiden Seiten des Kopfs befinden sich Drüsen, aus denen er ein klebriges Wehrsekret spritzen kann.

So funktioniert es:

... er beschießt seine Beute mit einem weißen Schleim, der schnell aushärtet und sich wie ein Netz um das Opfer legt.

... der Mundkanal ist ähnlich elastisch wie ein Gartenschlauch, und wie dieser tanzt er wild umher, wenn er losgelassen wird. So entsteht das Fangnetz.

Nahrung

Die Stummelfüßer jagen Asseln, Spinnen, Schaben, Grillen und manchmal auch Schnecken. Mit ihren scharfen Mundhaken zerteilen sie die Beute, die so in den Mund gelangt und dann verdaut wird.

Stummelfüßer können sich auf ihren kleinen Beinchen nicht gut fortbewegen, erjagen aber Beute, die sehr viel schneller und größer ist als sie.

GRÖSSE: 3 bis 5 cm

LEBENSERWARTUNG: bis zu 6 Jahre

LEBENSRAUM: Südhalbkugel, tropische und gemäßigte Zonen

Special

Man hat Abdrücke von Tieren gefunden, die vor über 500 Millionen Jahren gelebt haben. Heute weiß man, dass sie mit den Stummelfüßern verwandt sind. Diese Vorfahren lebten im Wasser und haben sich von Aas ernährt. Die Stummelfüßer von heute lieben dunkle, feuchte Aufenthaltsorte. Sie halten sich unter verrottendem Holz oder Laub in den tropischen und subtropischen Wäldern auf.

Fortpflanzung

Bei den Stummelfüßern gibt es sowohl lebendgebärende als auch eierlegende Arten. Bei einigen Arten können die Weibchen die Spermazellen der Männchen in einem Samenspeicher aufheben und nach Bedarf ihre Eier befruchten.

KAUM ZU GLAUBEN

Geschwindigkeit Schleim:
bis zu 5 m/s

Spritzweite Schleim:
bis zu 50 cm

BLITZ UND DONNER:
DER PISTOLENKREBS

Der Pistolenkrebs kann nur mit einer seiner Scheren »schießen«.
Die andere benutzt er als Greifinstrument.

So funktioniert es:

... die Schere, mit der der Krebs knallt, ist ungefähr halb
so lang wie der Körper des Tiers. Sie hat einen großen
beweglichen Haken, gegenüber liegt eine Grube.

... um den Knall zu erzeugen, wird ein Mechanismus
in der Schere vorgespannt, dann schnappt der Haken
mit einer Geschwindigkeit von bis zu 6 m/s zu.

... an der Scherenspitze entwickelt sich,
durch Unterdruck, eine Luftblase. Zerplatzt
diese 3,5 Millimeter große Blase, kommt es
zu dem lauten Knall und einem Lichtblitz.

Der Pistolenkrebs ist blind.
Er lebt immer in Symbiose mit
einer Wächtergrundel. Bei Gefahr
bewegt sie ihre Flossen, der Krebs
zieht sich in seine Röhre zurück,
und auch die Grundel darf in
eine seiner Röhren.

Nahrung

Der Krebs ernährt sich von Krill, Würmern, kleinen Fischen und Garnelen. Er jagt sie mit seiner Knallschere. Das laute Geräusch betäubt, verletzt oder tötet die Beutetiere, man kann auch sagen: Es »donnert« sie nieder.

Special

Verliert der Krebs seine Knallschere, ist das nicht schlimm: Die zweite Schere baut sich zur Waffe um und dem Tier wächst eine normale Greifschere nach. Kämpft ein Pistolenkrebs mit einem Rivalen, dann setzt er seine Waffe ein, hält aber so viel Abstand, dass der andere nicht durch den Knall verletzt wird.

Fortpflanzung

Die Pistolenkrebse tragen ihre Eier an die Schwimmbeine geheftet mit sich herum. Dort werden sie befruchtet. Aus den Eiern schlüpfen Larven, die im Wasser ihre Metamorphose durchlaufen, bis sie zu Jungkrebsen werden.

KAUM ZU GLAUBEN

Lautstärke Knall:	ca. 150 Dezibel	200 Dezibel
Düsenjet:	ca. 120 Dezibel	200 Dezibel
Geschwindigkeit beim Zuschnappen:	bis zu 6 m/s	50 m/s

VERWANDLUNGSKÜNSTLER: DER KARNEVAL-TINTENFISCH

Der Karneval-Tintenfisch kann über 15 verschiedene Tiere nachahmen, damit ist er der einzige Oktopus, der verschiedene Tiere darstellen kann.

Verwandlungstechnik:

… die Haut der Tintenfische ist aus drei Schichten aufgebaut, so kann sie sich blitzschnell anpassen.

… in der ersten Schicht sitzen Pigmentzellen, die über Muskeln gesteuert werden können, in der zweiten Schicht sitzen Zellen, die bestimmte Anteile des Lichts verstärken.

… neben der Farbe versucht er auch die Form des Tiers nachzustellen, das gerade seiner Tarnung dient.

Fortpflanzung

Die Männchen entwickeln einen speziellen Arm, mit dem sie eine Spermienkapsel in die Mantelhöhle des Weibchens einführen. Dort platzt sie auf und befruchtet die Eier. Aus den Eiern schlüpfen Jungkraken. Die Tintenfische vermehren sich nur einmal im Lauf ihres Lebens.

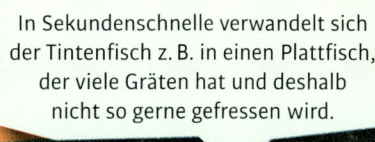

In Sekundenschnelle verwandelt sich der Tintenfisch z. B. in einen Plattfisch, der viele Gräten hat und deshalb nicht so gerne gefressen wird.

STECKBRIEF

GRÖSSE: bis zu 60 cm

LEBENSERWARTUNG: bis zu 3 Jahre

LEBENSRAUM: vor Indonesien und Malaysia in flachen Gewässern (bis zu 12 m)

NAHRUNG: Fische, Krustentiere, kleine Krebse, Krabben

KAUM ZU GLAUBEN

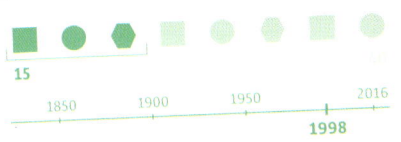

Verwandlungs-möglichkeiten:

15

Entdeckung:

1850   1900   1950   2016

1998

Special

Der Karneval-Tintenfisch wurde erst 1998 entdeckt, weil er gerne an Stellen lebt, die Taucher nicht so häufig aufsuchen: an Flussmündungen. Dort ist der Boden meist kahl und schlammig. In seinem Lebensraum gibt es weniger Möglichkeiten, sich zu verstecken, als beispielsweise in einem Korallenriff. Deshalb ist der Tintenfisch auf die vielen Tarnmöglichkeiten angewiesen. Er verwendet seine Wandlungsfähigkeit aber auch, um Futter anzulocken. Der Tintenfisch schafft es, wie eine paarungsbereite Krabbe auszusehen. Damit lockt er andere Krabben an, um sie gleich zu verspeisen.

LIEBES-ARCHITEKT:
DER LAUBENVOGEL

Ganz unterschiedlicher Zierrat liegt vor der Laube, um das Weibchen zu beeindrucken.

Wer die schönste Laube hat, kann die Weibchen am meisten beeindrucken. Seidenlaubenvögel mögen Blau: Gesammelt werden blaue Blütenblätter, Beeren, aber auch blauer Müll.

Fortpflanzung

Die prächtigen Lauben der Männchen dienen nur dazu, die Weibchen anzulocken. Deshalb beginnen die Weibchen nach der Paarung Nester für ihre Eier zu bauen. Auch die Brutpflege der jungen Laubenvögel übernehmen die Weibchen ganz allein.

GRÖSSE: bis zu 30 cm

LEBENSERWARTUNG: bis 30 Jahre

LEBENSRAUM: Australien

Wieso? Weshalb? Warum?

... einige Forscher gehen davon aus, dass die Männchen eine Schmuckfarbe für ihren Bau wählen, die in der natürlichen Umgebung der Laube besonders auffällt.

... andere Vogelkundler meinen, die Männchen wählen die Farbe, die den Weibchen am besten gefällt. Es hat sich gezeigt, dass z. B. die Seidenlaubenvogel-Weibchen Blau besonders mögen.

... manche der Lauben bekommen von ihren Erbauern sogar ein Dach. Gebaut werden sie, um darin den Balztanz zu vollführen.

Special

Einige Laubenvogel-Arten beherrschen die Tricks der Perspektive: Sie legen kleinere Farbobjekte in die Nähe des Eingangs ihrer Laube und die größeren weiter nach hinten. So entsteht die Illusion, alle Gegenstände seien gleich groß! Die Laubenvogel-Männchen klauen einander die »schönsten« Dekorationen und reißen einem Rivalen gerne einmal die mühsam gebaute Laube ein. Außerdem sind die Laubenvogel-Männchen echte Stimmkünstler: Sie können die Gesänge verschiedener Vogelarten nachahmen.

Nahrung

Hauptsächlich ernähren sich die Vögel von Früchten. Sie fressen aber auch Kräuter, Blüten und Nektar. Die Jungtiere bekommen als Ergänzung tierische Nahrung, so werden sie gut mit Proteinen versorgt.

KAUM ZU GLAUBEN

Dekoration: über 1000 Objekte 1000

Stimmen nachahmen: 12 Vogelarten 20

CHEMIKER:
DER BOMBARDIERKÄFER

Dieser harmlos aussehende Käfer besitzt einen eindrucksvollen Verteidigungsmechanismus: Er schießt mit chemischen Waffen.

Bis zu 100 Grad heißes Gift spritzt aus dem Hinterleib den Fressfeinden entgegen – maximale Reichweite bis zu 20 Zentimeter.

GRÖSSE: bis zu 15 mm

LEBENSERWARTUNG: einige Monate

LEBENSRAUM: weltweit

NAHRUNG: Maden, Würmer, Insekten

Wie ein Chemie-Baukasten:

... bei einem Angriff werden zwei chemische Flüssigkeiten, die getrennt voneinander im Käferkörper in Sammelblasen lagern, in eine gemeinsame Kammer geleitet.

... in der Kammer werden zwei Enzyme dazugemischt, dadurch wird die chemische Reaktion der Flüssigkeiten beschleunigt. Der chemische Vorgang endet mit einer Explosion, bei der unter Druck Hitze entsteht.

Special

Das Gemisch, dass der Käfer seinen Opfern entgegenspritzt, ruft Verbrennungen und Verätzungen hervor. Wie schlimm sie sind, hängt von der Haut des Opfers ab. Wie es dem Käfer gelingt, trotz der heftigen Explosion in seinem Hinterleib unversehrt zu bleiben, wissen die Forscher bis heute nicht. Der Bombardierkäfer zielt genau: Dank der Zellwände an seinem Hinterteil kann er nach hinten oder zwischen den Beinen nach vorne schießen. Und wenn es sein muss, auch um die Ecke.

Fortpflanzung

Der Bombardierkäfer sucht sich zur Eiablage Erdspalten oder Baumritzen. Wichtig ist für ihn, dass es dort feucht ist. Genügend verrottendes Material muss auch vorhanden sein, sodass seine Larven nach dem Schlüpfen ausreichend Nahrung finden.

KAUM ZU GLAUBEN

Dauer des Beschusses: bis zu 4 Minuten — 10 Min.

Erholungszeit bis zum nächsten Schuss: ca. 2 Wochen — 1 Monat

BALLETTTÄNZER:
DER MANDSCHURENKRANICH

In China nennen Kinder die Mandschurenkraniche »Märchenvögel«. Aufgrund der Eleganz des Tanzes gilt der Vogel dort als Symbol für Glück, Gesundheit und ein langes Leben.

Darf ich bitten:

… die Kraniche tanzen dort, wo sie überwintern. Ein Tier beginnt damit, seine Flügel auseinanderzuspreizen und in die Luft zu springen – der Tanz ist eröffnet und die anderen Kraniche folgen.

… das Ballett dient der Balz, festigt die Bindung zwischen bereits bestehenden Paaren oder die Bindung zwischen Eltern und Jungvögeln und es baut Spannungen in der Tiergruppe ab.

… ähnlich wie im klassischen Tanz stellen die Vögel sich auf ihre Zehenspitzen. Ihre Flügel spreizen sie, um größer zu erscheinen.

Haben sich Kraniche einmal füreinander entschieden, dann sind sie einander treu. Ihre Beziehung hält ein Leben lang.

STECKBRIEF

GRÖSSE: bis zu 1,50 m

LEBENSERWARTUNG: bis zu 30 Jahre

LEBENSRAUM: Ostasien

Special

Sind die Kraniche während ihres Tanzes richtig in Fahrt, dann werfen sie auch mit kleineren Gegenständen um sich. Sie picken Steinchen, Gras und Zweige mit dem Schnabel auf und schleudern sie in die Luft.

Fortpflanzung

Mit drei bis vier Jahren sind die Kraniche geschlechtsreif. Ihre Nester bauen sie ins Schilf. Das Weibchen legt zwei Eier mit einem Abstand von bis zu vier Tagen. Mit dem Brüten beginnen die Vögel, sobald das erste Ei im Nest liegt.

Nahrung

Der Kranich ernährt sich von Fischen, kleinen Vögeln, Fröschen, Würmern und Insekten. Während des Winters frisst er überwiegend pflanzliche Kost, am liebsten Reis- und Hirsekörner.

Fast sieht es aus, als ob der Kranich einen Schal um seinen Hals geschlungen hat, dazu trägt er ein elegantes rotes Häubchen.

KAUM ZU GLAUBEN

Spannweite Flügel:
bis zu 2,5 m

Größe Brutrevier:
bis zu 12 km²

KLIMA-KONTROLLEUR: DAS THERMOMETERHUHN

Den Brutschrank zu bauen und die Temperatur darin zu kontrollieren, ist allein die Aufgabe des Männchens, das Weibchen legt die Eier.

So entsteht das Nest:

... im Winter beginnt der Hahn damit, ein Loch von ca. einem Meter Tiefe und ca. drei Metern Breite zu graben. Dorthinein scharrt er sorgfältig Blätter, Rinden- stückchen und kleine Äste.

... nach dem ersten Winterregen, wenn die Biomasse im Nest gut durch- feuchtet ist, verschließt er sie mit einer ordentlichen Schicht Sand.

... die feuchte Biomasse fängt unter der Sandschicht an zu gären und entwickelt dabei Wärme. Im Nest wird es – je weiter der Prozess fortschreitet – wärmer und wärmer.

Bis zu 10 Monate überwacht das Männchen die Temperatur im Bruthaufen, der zum Teil auch in den Boden eingegraben ist.

Fortpflanzung

Sobald die Temperatur im Nest stimmt, beginnt die Henne damit, ihre Eier hineinzulegen. Immer im Abstand von ein paar Tagen kann sie bis zu ca. 24 Eier legen, die jeweils 200 Gramm schwer sind. Sobald die Jungen geschlüpft sind, graben sie sich durch das Laub, purzeln den Hügel hinunter und verstecken sich im Gebüsch. Nach der aufwendigen Brutpflege sind sie ab ihrem ersten Tag ganz auf sich allein gestellt.

STECKBRIEF

GRÖSSE: bis zu 60 cm

GEWICHT: bis zu 2 kg

LEBENSRAUM: Eukalyptuswälder in Südaustralien

Special

Der Hahn sorgt während der Brutzeit dafür, dass die Innentemperatur im »Brutkasten« immer optimale 33,5 Grad Celsius beträgt. Er misst die Temperatur mit seinem Schnabel, der bis auf 1 Grad genau arbeitet. Wird es im Sommer heiß, dann gräbt der Hahn in den frühen Morgenstunden das Nest auf und bedeckt es mit kühlem, von der Nacht durchfeuchtetem Sand. Im Herbst, wenn es kühler ist, schaufelt er während der warmen Mittagsstunden einen Teil der Sanddecke von den Eiern weg, sodass die Sonne sie wärmt.

KAUM ZU GLAUBEN

Höhe Bruthügel (über Grube):
bis zu 1,50 m

Breite Bruthügel (über Grube):
bis zu 5 m

Arbeitszeit am Bruthügel:
10 Monate

Nahrung

Die Hühner ernähren sich von Eukalyptus, Akaziensamen, Käfern und Kräutern. Je besser die Henne ernährt ist, desto mehr Eier kann sie legen.

MÖRDERIN AUS MUTTERLIEBE:

DIE WEGWESPE

Wegwespen lähmen ihre Opfer mit Gift. Sie dienen als Nahrung für den Nachwuchs. Die verschiedenen Wespen haben sich auf unterschiedliche Spinnen spezialisiert.

Nachwuchs-Pflege:

... durch Scharren und Graben bauen die Wegwespen unterirdische Gänge, an deren Ende eine Brutkammer liegt. Pro Ei wird eine Behausung gebaut.

... alle in Deutschland nachgewiesenen Wegwespen-Arten gehen auf die Jagd nach Spinnen. Mit ihrem Stachel stechen sie in die Bauchganglie der Spinne.

... das Wespengift lähmt die Spinne. Dann schleppt die Wespe die deutlich größere Spinne in die Brutkammer und legt ihr Ei daneben. Die Spinne dient der Larve später als Futter.

Fortpflanzung

Die Männchen sterben relativ bald nach der Befruchtung der Weibchen. Diese wiederum überwintern im Boden, bauen im Sommer die Brutkammern und legen dann im Spätsommer ihre Eier neben die erbeuteten Spinnen.

Goldwespen legen ihre Eier in Bienen- oder Wespenstöcke. Gibt es in einem Stock mehrere Parasitenlarven, dann überlebt nur die stärkste.

Erwachsene Wegwespen ernähren sich ausschließlich von Blütenpollen, im Unterschied zu echten Wespen, die auch Insekten oder mal ein Stück Schinken fressen.

STECKBRIEF

GRÖSSE: Männchen bis 11 mm, Weibchen bis 14 mm

LEBENSERWARTUNG: ca. 12 Monate

LEBENSRAUM: weltweit

Nahrung

Im Gegensatz zu den erwachsenen Wegwespen sieht die Ernährung bei den Larven anders aus: Es gibt diejenigen, die getötete Spinnen fressen. Dann gibt es aber auch die Eiablage in einer lebenden Spinne, die dann bei lebendigem Leib von innen angefressen wird und stirbt. Die meisten Wegwespen-Arten haben sich auf bestimmte Spinnen spezialisiert.

Special

Es gibt Wegwespen der Gattung *Ceropales*, die Brutparasiten sind. Sie legen ihre Eier neben eine Spinne, bei der schon ein Ei liegt. Die *Ceropales*-Larve schlüpft schneller, frisst die Larve aus dem ursprünglichen Ei und hat dann noch die gesamte Spinne für sich.

KAUM ZU GLAUBEN

Wegwespen-Arten:	🌲🌲🌲🌲 über 4000	10.000
Arten vom Aussterben in Deutschland bedroht:	🌲🌲🌲🌲🌲 über 50 %	100 %

MARATHONFLIEGER:
DER MONARCHFALTER

Im Schnitt fliegt ein Monarchfalter 75 Kilometer pro Tag. Manche der Tiere sind als Einzelkämpfer unterwegs, andere fliegen im Pulk.

In den Hochwäldern Mexikos hängen die Schmetterlinge in großen Trauben an den Tannen in über 3000 Meter Höhe.

Reisefreudig:

… die Falter, die Mitte September an den großen Seen in Nordamerika aufbrechen, starten zu einem Flug, der sie bis nach Mexiko führt.

… die zarten Tiere orientieren sich an der Sonne und am Magnetfeld der Erde. Das Gebiet, das sie in den Bergen Mexikos finden müssen, hat ungefähr die Größe der Insel Rügen.

… Mitte November erreichen die Falter das Michoacán-Hochland. Dort hängen sie sich in Trauben an Tannen.

Nahrung

Die Raupen fressen Teile der Seidenpflanzen. Je nach Alter ernähren sie sich von den feinen Härchen, den Blättern oder den Blattstielen. Die Falter besuchen viele verschiedene Pflanzen, um deren Nektar zu saugen.

GRÖSSE: 8,60 bis 12,40 cm

LEBENSERWARTUNG: 2 bis 5 Wochen, im Spätsommer geschlüpft bis zu 5 Monate

LEBENSRAUM: Nord- und Südamerika, Neuseeland, Australien, Südeuropa

Nach dem Schlüpfen fressen die Raupen giftige Seidenpflanzen. Der Raupe macht das Gift nichts aus, es schützt sie aber ein Leben lang vor Fressfeinden.

Special

Den Rückflug von Mexiko in den Norden übernehmen drei Schmetterlingsgenerationen in Etappen. Sie leben nur zwei bis fünf Wochen, in denen sie schlüpfen, sich paaren und weiterfliegen. Die erste Etappe führt sie bis nach Texas, die zweite bis nach Missouri. Von dort aus fliegen die Enkel der Mexikoüberwinterer wieder bis an die großen Seen. Schmetterlinge, die im Spätsommer schlüpfen, schaffen ihren Flug in einem Zug und leben 10-mal länger als ihre Eltern und Großeltern. Sie müssen sich nicht fortpflanzen, sie können ihre Energie in die weite Reise stecken.

Fortpflanzung

Die Weibchen, die Mitte März zum Rückflug aufbrechen, haben meist schon Sperma in ihrer Vorratssamentasche. Der Rückflug wird in Etappen zurückgelegt. Ihre ca. 400 Eier legen sie in Texas und befruchten sie auch dort.

KAUM ZU GLAUBEN

Flugstrecke im Herbst:

4000 km   10 000 km

Flugstrecke am Tag:

75 km   100 km

BARCODESCANNER:

DAS ZEBRA

Kein Zebra gleicht dem anderen. So individuell wie die menschlichen Fingerabdrücke sind die Zeichnungen auf dem Fell. Jedes Tier hat sein eigenes Muster.

Wozu Streifen?

THEORIE 1: Sie dienen der Tarnung. Im flirrenden Licht der Savanne sind die Konturen einzelner Tiere in einer Herde nicht gut zu erkennen, das erschwert den Raubkatzen das Anvisieren eines Tiers.

THEORIE 2: Stechfliegen saugen lieber auf einfarbig schwarzen, grauen oder weißen Tieren Blut. Das Muster schützt also vor gefährlichen Krankheiten, die durch die Stiche übertragen werden.

THEORIE 3: Die schwarzen Streifen erhitzen sich in der Sonne um bis zu 20 Grad Celsius mehr als die weißen. Eine Luftzirkulation entsteht über dem Fell, die es dem Zebra ermöglicht, leicht und effektiv Wärme abzugeben.

THEORIE 4: Die Zeichnung dient zur Identifizierung innerhalb der Herde und zur Abgrenzung zu anderen Zebrarassen. Die einzelnen Rassen paaren sich nicht untereinander.

Fortpflanzung

Alle sechs bis acht Wochen sind Zebrastuten rossig. Werden sie von einem Hengst gedeckt, dann tragen sie ein Fohlen ca. ein Jahr aus. Bereits kurz nach der Geburt kann das Fohlen stehen und ca. eine Stunde nach der Geburt saugt es bereits.

Bis heute sind sich Wissenschaftler nicht einig, warum das Zebra Streifen hat. Wahrscheinlich haben sie verschiedene Funktionen.

STECKBRIEF

GRÖSSE: Schulterhöhe 120 bis 140 cm

LEBENSERWARTUNG: ca. 20 Jahre

LEBENSRAUM: Steppen in Afrika

NAHRUNG: Kräuter, Blätter, Blüten, Gräser

Ein Zebrafohlen kann es gleich nach der Geburt: seine Artgenossen anhand der Fellzeichnung auseinanderhalten. Sofort findet es seine Mutter in einer großen Herde wieder.

Special

Zebras sind Herdentiere. In ihre Herden nehmen sie auch Antilopen, Gnus und andere Paarhufer auf. Eine große Herde minimiert das Risiko, von Raubtieren angefallen und gefressen zu werden. Zebrajunge sind nach einem Jahr ausgewachsen und haben ein Gewicht von 200 Kilogramm erreicht. In jeder Zebraherde herrscht eine strenge Rangordnung: An der Spitze steht immer ein Hengst, der sogenannte Leithengst.

KAUM ZU GLAUBEN

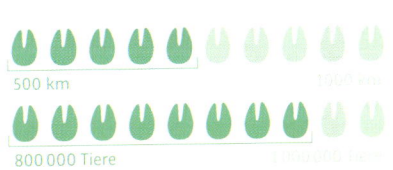

jährliche Rekordwanderung:
500 km

Gesamtzahl:
800 000 Tiere

TRICKBETRÜGER:

DER KUCKUCK

Dem Kuckuck ist jedes Mittel recht, um seine Brut von anderen Vögeln aufziehen zu lassen – hier von einem Teichrohrsänger.

Täuschung:

… die Kuckucksweibchen sind auf die Wirtsvögel geprägt, die sie aufgezogen haben. Sie legen ihre Eier ausschließlich in deren Nester und passen sie in der Farbe an die der Wirte an.

… es wird immer nur ein Ei in ein Wirtsnest gelegt. Damit die Anzahl der Eier gleich bleibt, wird auch nur eines aus dem Nest herausgeworfen.

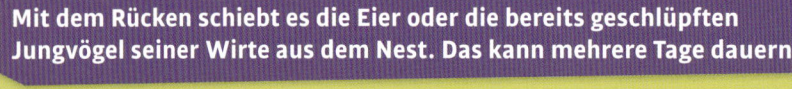

… ist das Kuckucksjunge geschlüpft, dann steht ihm harte Arbeit bevor: Mit dem Rücken schiebt es die Eier oder die bereits geschlüpften Jungvögel seiner Wirte aus dem Nest. Das kann mehrere Tage dauern.

Das Kuckucksjunge kann die Bettellaute der Jungen seiner Wirtsvögel nachahmen. So gut, dass die Eltern meinen, mehrere Jungen sitzen im Nest, und entsprechend viel Nahrung heranschaffen.

GRÖSSE: ca. 34 cm

LEBENSERWARTUNG: bis zu 14 Jahre

LEBENSRAUM: Europa & Afrika

Nahrung

Der Kuckuck frisst sehr gerne behaarte Schmetterlingsraupen, die mögen andere Vögel nicht. Käfer, Heuschrecken und Ohrwürmer verschwinden auch in seinem Schnabel. Seine Nahrung besteht nur aus Insekten.

Fortpflanzung

Kuckucke paaren sich in der Zeit von Mai bis Juli und trennen sich dann gleich wieder. Das Weibchen verteilt ca. 8 bis maximal 20 Eier jeweils einzeln auf die Wirtsnester. Aufgezogen werden im Schnitt zwei bis drei Küken.

Special

Der Kuckuck ist nur sehr kurz in seinen Brutgebieten. Meist kommt er Anfang bis Mitte Mai dort an und fliegt bereits Anfang bis Mitte August wieder zurück nach Afrika. Der Vogel ist sehr anpassungsfähig: Er lässt an den unterschiedlichsten Orten ausbrüten, beispielsweise in den Dünen der Nordsee oder auch in einer Höhe von 2500 Metern.

KAUM ZU GLAUBEN

Wirte des Kuckucks:

über 10 Arten   50 Arten

Anzahl verteilte Eier pro Brutsaison:

bis zu 20 Eier   50 Eier

»CRABZILLA«:
JAPANISCHE RIESENKRABBE

Die Riesenkrabbe kann nicht schwimmen: Mit ihren langen, dünnen Beinen schreitet sie in 300 bis 400 Meter Tiefe über den Meeresboden.

Sie ist:

... im Gegensatz zu ihren kleineren Verwandten nicht an Land anzutreffen. Ihre Beine könnten sie nicht tragen und würden abbrechen.

... am liebsten in einer Wassertemperatur um die 8 Grad Celsius, deshalb steigt sie im Winter manchmal in Tiefen bis zu 50 Meter auf.

... als Riesin für den Menschen keine Gefahr, der Mensch allerdings für sie: Ihr Fleisch gilt in Japan als Delikatesse. Die Fischer bekommen für eine große Krabbe um die 600 €.

Fortpflanzung

Die Männchen übertragen ihr Sperma auf die Eier, die die Weibchen am Körper mit sich tragen. Die geschlüpften Larven sind klein, rund und treiben an der Meeresoberfläche. Nach etlichen Häutungen erreichen die Tiere ihre endgültige Größe.

LEBENSERWARTUNG: bis zu 40 Jahre

LEBENSRAUM: Nordpazifik vor Japans Küste

Nahrung

Die Krabbe frisst fast alles, was sie auf dem Meeresboden findet. Fisch ist eine ihrer Lieblingsspeisen. Gibt es nichts anderes, dann knackt sie Muscheln und Schnecken, um an das weiche Fleisch zu kommen, oder sie greift sich Algen.

Special

Weil das Fleisch der Krabben fast wie das eines Hummers schmeckt, kamen russische Wissenschaftler auf die Idee, die Krabben im kalten Nordmeer vor der russischen Küste auszusetzen. Der Krabbe gefiel das so gut, dass sie sich bis nach Norwegen ausbreitete. Dort gibt es keine natürlichen Feinde, deshalb vermehrt sie sich sehr schnell und frisst den ganzen Meeresgrund leer. Bis in Nord- und Ostsee wird sie nicht vordringen, die Wassertemperatur ist ihr zu hoch.

Die langen Beine geben der Krabbe das Aussehen einer Spinne. Allerdings hat sie zehn Beine, die Spinne nur acht.

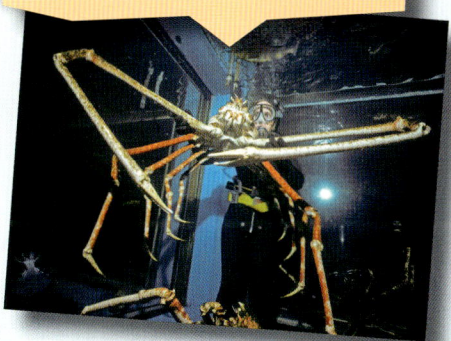

KAUM ZU GLAUBEN

Körperlänge:	bis zu 40 cm	1 m
Beinlänge:	bis zu 2 m	10 m
Gewicht:	bis zu 20 kg	100 kg

ROLL ON:
DER GÜRTELSCHWEIF

Die typische Haltung bei Gefahr: Der Gürtelschweif beißt sich in den Schwanz.

Wieso?

... bei Gefahr beißt sich der Panzergürtelschweif in den Schwanz, um seine empfindliche Bauchunterseite vor Feinden zu schützen.

... so bekommt der Angreifer nur die gepanzerte, stachelige Außenseite zu fassen.

... diese Taktik geht bei dem Angriff von Vögeln nicht auf!

Fortpflanzung

Panzergürtelschweife legen keine Eier, sondern sie gebären lebende Junge. Meist sind es ein bis zwei, die am Ende der Trockenzeit zur Welt gebracht werden.

GRÖSSE: 16 bis 20 cm

LEBENSERWARTUNG: unbekannt

LEBENSRAUM: Süd- und Ostafrika

NAHRUNG: Insekten

Special

Die meisten Echsen sind Einzelgänger. Der Panzergürtelschweif hingegen lebt in Gruppen, die bis zu 30 Tiere umfassen können. In der Gruppe fühlen sie sich sicherer, da sich nähernde Feinde besser entdeckt werden. Im Notfall kann der Panzergürtelschweif seinen Schwanz auch abwerfen. Dies geschieht sehr selten, da der Schwanz langsam nachwächst und er zur Verteidigung gebraucht wird. Ihre Kiefer sind so kräftig, dass die Tiere bei Territorialstreitigkeiten dem Gegner Gliedmaßen abbeißen können.

KAUM ZU GLAUBEN

Artenvielfalt Gürtelschweife:

über 60

Gruppenumfang:

bis zu 30 Tiere

Die empfindlichste Stelle des Tiers ist sein Bauch, er muss gut geschützt werden.

BIZARRER BRAUTWERBER:
DER PARADIESVOGEL

Nur den schönsten Bewerbern gelingt es, sich mit den Weibchen zu paaren und ihre Gene an die nächste Generation weiterzugeben.

Vogel-Hochzeit:

... die Balz der Paradiesvogel-Männchen ist sehr aufwendig. Der Waldboden wird akkurat von Blättern und Zweigen freigeräumt, dann wird der Braut ein Teppich aus Wurzelwerk bereitet.

... beim Balztanz schütteln sich die Männchen und stolzieren wie Tänzer in ihren farbenprächtigen Kostümen umher. Bei einigen Arten werden Gruppentänze vollführt, bei anderen Solotänze.

... sowohl das Kostüm des Vogels als auch seine Choreografie betören. Beobachtet wird er von mehreren Weibchen, eines erhört ihn immer.

Fortpflanzung

Je nach Art bauen die Weibchen ein napf-, seltener ein kugelförmiges Nest, in das sie ein bis zwei Eier legen. Da die Aufzucht den Weibchen ganz allein überlassen wird, werden die Jungen oft von Greifvögeln gerissen.

GRÖSSE: 35 bis 43 cm

LEBENSERWARTUNG: bis zu 25 Jahre

LEBENSRAUM: Neuguinea und Aru-Inseln

NAHRUNG: Früchte, Insekten

Das wundervolle Federkleid des Großen Paradiesvogels dient einzig und allein dazu, die Vogeldamen bei der Balz zu betören.

Special

Die ersten Paradiesvögel kamen Anfang des 16. Jahrhunderts auf einem Schiff Magellans nach Europa. Den Vögeln wurden damals Füße und Flügel abgeschnitten, bevor sie in den Handel kamen. Die Menschen glaubten deshalb, sie kämen direkt aus dem Paradies, ohne jemals den Erdboden berührt zu haben.

KAUM ZU GLAUBEN

Artenvielfalt:

38 Arten

Bis 1908 jährliche Ausfuhr als Hutverzierung:

80 000 Vögel

LANGHALS-FRESSER:
DIE GIRAFFENGAZELLE

Futter ist rar in der Savanne. Die Gazelle hat eine besondere Technik entwickelt, die ihr Überleben sichert.

Fortpflanzung

Die Giraffengazelle bringt nach einer Tragzeit von 190 bis 210 Tagen ein Junges zur Welt. Die Mutter frisst die Nachgeburt, um Raubkatzen keine Spuren zu hinterlassen. Das Junge wird sofort trocken geleckt.

SCHULTERHÖHE: 105 cm

LEBENSERWARTUNG: bis zu 12 Jahre

LEBENSRAUM: Ostafrika

So wird gefressen:

… die Giraffengazelle kann sich auf ihren Hinterbeinen aufrichten, ohne sich an Stamm oder Ästen eines Baums anlehnen zu müssen.

… der Vorteil: Die Gazelle kommt an Futter, an die weniger geschickte Arten nicht herankommen.

… dank ihrer kräftigen Lendenmuskulatur kann sie so lange frei stehen, wie sie es für ihre Nahrungsaufnahme braucht.

… ihren Flüssigkeitsbedarf kann sie fast komplett über die Nahrung decken, so ist sie nicht darauf angewiesen, gezielt nach Wasserlöchern zu suchen.

Nahrung

Die Giraffengazelle frisst Blätter, Knospen, Triebe und Früchte. Über 84 verschiedene Pflanzen stehen auf ihrem Speisezettel.

KAUM ZU GLAUBEN

Pflanzenarten, die gefressen werden:

84 Arten   100 Arten

Herdengröße:

6   100

Der überlange Hals ist das Markenzeichen der Giraffengazelle. Er hilft bei der Nahrungsaufnahme.

Special

Die Männchen, die gut an ihren Hörnern zu erkennen sind, leben als Einzelgänger. Die Weibchen ziehen mit den Jungtieren in Gruppen von sechs bis zwölf Tieren durch die Savanne. Die Gazellen paaren sich nicht zu bestimmten Zeiten im Jahr. Die Weibchen sondern Geruchsstoffe, sogenannte Pheromone ab, sodass die Männchen wissen, sie wären paarungsbereit.

SUPER-RIECHER:
DER NASENAFFE

Die Nase dieser Affenart hat eine typische Gurkenform. Als hervorstechendes Merkmal gab sie den Affen auch ihren Namen.

STECKBRIEF

GRÖSSE: Kopf-Rumpf-Länge von
50 bis 75 cm

LEBENSERWARTUNG: mehr als 20 Jahre

LEBENSRAUM: Borneo

Nahrung

Die Nasenaffen haben einen sogenannten Bezoar im Magen. Das ist ein
Magenstein aus Pflanzenfasern, Haaren
und Speichel. Er ermöglicht es ihnen,
schwer verdauliche Blätter zu fressen,
die für andere Affenarten ungenießbar
sind. Neben Blättern frisst er Früchte,
Körner und hin und wieder Insekten
oder Larven.

KAUM ZU GLAUBEN

Tauchen: bis zu 20 m   100 m

Haremsgruppe: 1 Männchen und
bis zu 30 Weibchen
50 Tiere

Riesen-Nase:

... die Weibchen der Nasenaffen
haben relativ kleine Stupsnasen.

... je älter ein Männchen wird, desto größer
und knolliger wird seine Nase. Man geht davon
aus, dass eine größere Nase für die Weibchen
attraktiver ist.

... die Affen heißen auch »Holländeraffen«,
weil die Bewohner Borneos meinen,
die Nasen ähnelten den sonnenverbrannten,
roten Nasen der Europäer.

Die Nasen der Weibchen sind wesentlich
kleiner als die der Männchen.

Fortpflanzung

Befruchtete Weibchen haben
eine Tragzeit von 165 bis
170 Tagen, dann bringen sie
in den Baumkronen ein Junges
zur Welt. Es ist vollkommen
hilflos, klammert sich an der
Mutter fest und wird bis zu
sieben Monate gesäugt.

Special

Nasenaffen sind sehr gute Kletterer und Schwimmer.
Sie leben entlang der Flussläufe der Tieflandregenwälder.
Mehr als einen Kilometer entfernen sie sich selten von
den Flüssen. Die tagaktiven Affen leben in größeren
Gruppen. Die Gruppe wird immer von einem domi-
nanten Männchen angeführt. Das komplette Sozialleben
einschließlich der Nachtruhe findet in den Baumkronen
statt. Die meiste Zeit des Tages verbringen die Tiere
mit der Nahrungssuche und -aufnahme.

SUPERNASE:
DER STERNMULL

Eine der ausgefallensten und empfindlichsten Nasen im Tierreich hat der Sternmull, auch Sternnasenmaulwurf genannt.

So funktioniert es:

... der Sternmull findet seine Beute nicht nur unter der Erde. Er begibt sich zur Jagd auch ins Wasser. Dank einer besonderen Technik kann er dort riechen.

... unter Wasser stößt der Sternmull in kurzen Abständen winzige Blasen aus, die er gleich wieder einsaugt. Das ist ein »Unterwasserschnuppern«.

... kommen die Luftblasen mit einem Beutetier in Kontakt, dann kann der Mull beim Einsaugen der Luftblasen das Tier riechen, es anschließend fangen und fressen.

Fortpflanzung

Die Supernasen paaren sich in der Zeit von März bis Mai. Nach ca. 45 Tagen bringt das Weibchen im Schnitt fünf Jungtiere zur Welt, die knapp vier Wochen gesäugt werden. Die Jungen, die blind, taub und ohne Fell geboren werden, sind nach den vier Wochen so gut wie selbstständig.

STECKBRIEF

GRÖSSE: bis zu 19 cm

LEBENSERWARTUNG: 3 bis 4 Jahre

LEBENSRAUM: Nordosten Amerikas

Special

Die Nase der Sternmulle hat die höchste Dichte an Nervenenden im gesamten Reich der Säugetiere: Über 100 000 finden sich auf einer Hautfläche von einem Quadratzentimeter. Mit den Tentakeln an seiner Nase kann der Sternmull bis zu 13 mögliche Beutetiere pro Sekunde untersuchen. Im Winter dient dem Sternmull sein sechs bis acht Zentimeter langer Schwanz als Fettspeicher.

KAUM ZU GLAUBEN

Gesamtlänge unterirdische Gänge:

mehr als 250 m   500 m

Tiefe unter der Erde:

bis zu 60 cm   100 cm

Mit ihrer Nase ertasten Maulwürfe viel. Das Eimersche Organ, winzige Schwellungen auf der Nase, reagiert sehr sensibel auf Druck und Berührung und hilft beim Beutefang.

Nahrung

An Land erjagen die Maulwürfe Ringelwürmer, Insekten und Insektenlarven. Im Wasser fangen sie sich Krebse und kleine Fische.

SELBSTHEILER:
DER AXOLOTL

Egal wie schwer die Verletzungen eines Axolotls sind, sie heilen komplett aus.

Selbstheilungskräfte:

... egal ob der Axolotl Gliedmaßen verliert oder Verletzungen an inneren Organen hat: Dem Tier wächst alles nach, Narben bleiben keine zurück.

... die nachgewachsenen Gliedmaßen und Organe sind vollkommen funktionstüchtig und unterscheiden sich durch nichts von den verlorenen Körperteilen.

... der Selbstheilungsprozess ist für die Forschung sehr spannend. Man erhofft sich Erkenntnisse z. B. für die Behandlung von Menschen mit Brandverletzungen.

Nahrung

Der Axolotl frisst den Laich anderer Molche, aber auch den seiner Artgenossen, kleine Fische, Insektenlarven und Krebstiere.

Fortpflanzung

Die Weibchen des Axolotls nehmen über ihre Kloake Spermienhaufen auf, die die Männchen zuvor am Grund abgesetzt haben. Wenige Stunden danach kleben sie befruchtete Eier, 80 bis 800, an die Blätter von Wasserpflanzen an. Nach 15 bis 20 Tagen schlüpfen die Axolotllarven.

STECKBRIEF

GRÖSSE: 20 bis 25 cm

LEBENSERWARTUNG: bis zu 15 Jahre

LEBENSRAUM: Xochimilco-See, Mexiko

Beim Axolotl liegen die Kiemen außen und werden Kiemenäste genannt.

Special

Die ersten Axolotl brachte Alexander von Humboldt 1804 in Alkohol eingelegt nach Europa. Sie wurden im Pariser Naturkundemuseum ausgestellt. Axolotl leben dauerhaft im Larvenstadium, was man gut an den außen liegenden Kiemen erkennen kann. Sie durchlaufen im Unterschied zu anderen Molchen keine Metamorphose. »Xolotl« hieß der Todesgott bei den Azteken. »Axolotl«, »Wassermonster«, nannten sie den kleinen Querzahnmolch, weil sie glaubten, er stamme von dem Todesgott ab.

KAUM ZU GLAUBEN

Eier pro Tag: ○○○○○○○○○○ ca. 400   1000 Eier

MOBILER RÜSSEL:
DIE SAIGA

Die Saiga-Antilope hat eine sehr auffällige Nase, die eigentlich ein kurzer und gut beweglicher Rüssel ist.

Fortpflanzung

Die Brunft beginnt bei den Antilopen im Dezember. Im April und Mai, nach einer Tragzeit von ca. 135 Tagen, bringen die Weibchen meist Zwillinge, manchmal auch Drillinge zur Welt.

STECKBRIEF

GRÖSSE: Länge bis 150 cm, Schulterhöhe bis 80 cm

LEBENSERWARTUNG: 10 bis 12 Jahre

LEBENSRAUM: Steppen in Eurasien und Zentralasien

Weshalb diese Nase:

… im natürlichen Lebensraum der Saiga ist es im Sommer über 40 Grad Celsius warm, im Winter sinkt das Thermometer weit unter den Gefrierpunkt.

… die auffällige Nase hilft die Temperatur der Atemluft zu regulieren. Strömt die Luft im Winter durch das gewundene Innere der Nase, dann wird sie vorgewärmt, bevor sie in die Lunge gelangt.

… im Sommer kühlen die feuchten und kalten, stark durchbluteten Nasenschleimhäute die Luft ab. Das Gehirn wird so vor Überhitzung geschützt.

Nahrung

Saiga fressen über 120 verschiedene Pflanzen. Im Frühjahr, wenn die Pflanzen saftig sind, können sie ihren Wasserbedarf komplett aus der Nahrung decken, im Sommer suchen sie sich besonders safthaltige Pflanzen, sogenannte Sukkulenten. Nur bei großer Trockenheit müssen sie zu Wasserlöchern ziehen.

KAUM ZU GLAUBEN

Gesamtbestand 2014: ca. 250 000 Tiere — 500 000 Tiere

Seuchenopfer 2015: ca. 120 000 Tiere — 500 000 Tiere

Special

Die bernsteinfarbenen Hörner der männlichen Tiere spielen in der Traditionellen Chinesischen Medizin eine Rolle. Deshalb wurden gerade die Männchen stark gejagt. Heute kommen auf ein Männchen so viele Weibchen, dass diese regelrecht um den Bock kämpfen müssen. Viele Weibchen werden deshalb nicht befruchtet, sodass die Zahl der Tiere sehr schnell abnimmt. Immer wieder gibt es auch ein rätselhaftes Massensterben der Tiere, z. B. in den 1950er- und den 1980er-Jahren sowie 2015. Heute ist die Art vom Aussterben bedroht.

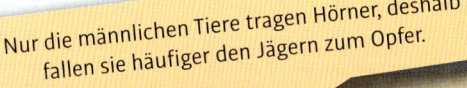

Nur die männlichen Tiere tragen Hörner, deshalb fallen sie häufiger den Jägern zum Opfer.

KLOPFER:

DAS FINGERTIER

Vom verlängerten Mittelfinger bis zu den großen Augen ist der Körperbau des Tiers perfekt an die nächtliche Jagd angepasst. Für die Nahrungssuche besonders wichtig ist der lange Mittelfinger, den das Aye-Aye gesondert »anheizen« kann.

STECKBRIEF

GRÖSSE: Rumpflänge bis 44 cm, Schwanzlänge bis 60 cm

LEBENSERWARTUNG: unbekannt

LEBENSRAUM: Madagaskar

Fortpflanzung

Die Weibchen des Fingertiers können sich nur einmal im Jahr für drei bis neun Tage paaren, einen festen Zeitpunkt im Jahreslauf gibt es für diese fruchtbare Periode nicht. Die Weibchen gebären jeweils nur ein Jungtier, das seine Mutter erst im Alter von eineinhalb bis zwei Jahren verlässt.

Nahrung

Am liebsten frisst das Aye-Aye Insekten und deren Larven, aber auch Früchte und Pilze. Manchmal plündert es auch Kokosnüsse, die auf Plantagen angebaut werden.

Wie ein Heizstab:

... das Aye-Aye hat einen besonders langen Mittelfinger, damit kann es in kleinsten Baumlöchern nach Maden und Würmern suchen.

... auf der Jagd erwärmt sich sein Mittelfinger. Bis zu 6 Grad Celsius erhöht sich die Temperatur, die vier anderen Finger bleiben kalt.

... wahrscheinlich wird der Finger durch die Erwärmung empfindlicher und kann besser ertasten, ob das, was in dem Baumloch steckt, wirklich Beute ist.

Wie die meisten nachtaktiven Tiere hat das Aye-Aye sehr große Augen. Sie sind bernsteinfarben und besitzen eine Nickhaut, wohl als Schutz gegen Splitter, wenn das Tier Holz nagt.

Special

Auf der Jagd klopfen die Aye-Ayes mit ihrem verlängerten Finger die Baumrinde ab. So hören sie, wo die Hohlräume sind, in denen sich Larven oder Insekten befinden könnten. Der Mittelfinger kann sich pro Sekunde häufiger als dreimal hin und her bewegen. Will es trinken, dann schaufelt es sich so Wasser in den Mund. Die Bewohner Madagaskars sehen in den Aye-Ayes Unglücksboten und glauben, dass es jedem, der es direkt anblickt, den Tod bringt.

KAUM ZU GLAUBEN

Länge Mittelfinger: bis 8,5 cm — 10 cm

Klopfgeschwindigkeit: 8-mal/s — 10-mal/s

VERKEHRTE WELT: DAS SEEPFERDCHEN

Bei den Seepferdchen ist die Rollenaufteilung bei der Brutpflege ungewöhnlich.

Special

Anders als »normale« Fische schweben Seepferd-chen aufrecht im Wasser. Sie können sich mit ihrer Rückenflosse nur sehr langsam fortbewe-gen, mit den Brustflossen steuern sie. Auch wenn ihr Kopf aussieht wie der eines Pferds, in ihrer Schnauze haben sie keine Zähne. Aus der sonst bei Fischen üblichen Schwanzflosse hat sich beim Seepferdchen ein Greifschwanz gebildet, mit dem es sich an Korallen oder Algen festhalten kann.

STECKBRIEF

GRÖSSE: 16 mm bis 35,5 cm

LEBENSERWARTUNG: 6 Jahre

LEBENSRAUM: tropische und gemäßigte Meere

NAHRUNG: Zooplankton, kleine Krebse, Garnelen

Fortpflanzung:

... wie bei den meisten Tieren produzieren bei den Seepferdchen die Weibchen die Eier und die männlichen Pferdchen den Samen.

... aber dann übergeben die Weibchen ihre Eier den Männchen, die sie besamen und in ihrer Bauchtasche über mehrere Wochen austragen.

... während der gesamten Brutzeit beschützen und hegen die Männchen die Eier. Auch die anstrengende Geburt wird von ihnen übernommen.

Joachim Ringelnatz

Mit bürgerlichem Namen hieß der Dichter Joachim Ringelnatz Hans Gustav Bötticher. Eigentlich wollte er Seefahrer werden. Die Pferdchen gefielen ihm so gut, dass er sich nach ihnen benannte. »Ringelnatz« heißt bei den Seeleuten das Fischchen, das sie als Glücksbringer betrachten.

Auch wenn sie ganz anders aussehen, Seepferdchen sind echte Fische.

KAUM ZU GLAUBEN

Geschwindigkeit/h:
1,5 m
10 m

Tauchtiefe:
max. 100 m
100 m

TARNUNGSKÜNSTLER:
DER BLATTSCHWANZGECKO

Dank seiner »Baumrindenhaut« ist der Gecko auf dem Ast kaum zu erkennen.

Ablenkungsmanöver:

... tagsüber kann man den kleinen, nur 9 Zentimeter langen Gespenster-Blattschwanzgecko fast nicht sehen, so gut verschmilzt er mit seiner Umwelt.

... findet ihn einer seiner Fressfeinde dennoch, dann reißt er sein Maul in einer Drohgebärde auf und versucht den Angreifer durch das leuchtende Rosa zu verschrecken.

... lässt sich der Angreifer nicht beeindrucken, dann wirft der Tarnungskünstler seinen Schwanz ab und läuft davon, während sein zappelnder Schwanz den gefräßigen Feind ablenkt.

Hängt der Schwanz des Geckos herab, dann muss man schon genau hinsehen, um ihn von einem verwelkten Blatt unterscheiden zu können.

STECKBRIEF

GRÖSSE: bis 9 cm

LEBENSERWARTUNG: bis zu 10 Jahre

LEBENSRAUM: Madagaskar

Nahrung

Es wird nur nachts gejagt. Dann gibt es Nachtfalter, Grillen und viele andere Insekten. Die Jagdgründe liegen zwei bis drei Meter über dem Boden.

Fortpflanzung

Haben sich die Weibchen erfolgreich gepaart, dann verstecken sie im Laub auf dem Boden zwei Eier. Das wiederholt sich bis zu sechsmal im Jahr. Nach zweieinhalb bis drei Monaten schlüpfen aus den Eiern winzige, ca. 3 Zentimeter große Geckos.

Special

Ein Blattschwanzgecko kann seine Körperfarbe und die Musterung seiner Haut ganz unterschiedlichen Bedingungen anpassen. Die vielen »Anhängsel« am Körper des Geckos, z. B. die »Hörnchen« über seinen Augen, dienen der optischen Täuschung. Sie lösen sozusagen die Körperkonturen auf. Wie alle Geckos kann er auch an sehr glatten Wänden kopfüber laufen. An seinen Füßen hat er winzige Lamellen, die ihn am Untergrund festheften.

Die schlitzförmigen Pupillen sind für nachtaktive Reptilien typisch.

ÜBERLEBENSKÜNSTLER:
DAS MAURETANISCHE WÜSTENKROKODIL

Über Jahr-tausende hat sich das Krokodil an den Wassermangel in der Wüste angepasst.

Fortpflanzung

Krokodile legen Eier. Ungewöhnlich ist, dass sich aus jedem Ei entweder ein männliches oder ein weibliches Tier entwickeln kann. Das Geschlecht hängt von der Temperatur ab, mit der das Ei ausgebrütet wird: Unter 30 Grad Celsius werden es Weibchen, bei 34 Grad Celsius werden es Männchen.

STECKBRIEF

GRÖSSE: bis zu 2,20 m

LEBENSERWARTUNG: bis zu 70 Jahre

LEBENSRAUM: Sahara

KAUM ZU GLAUBEN

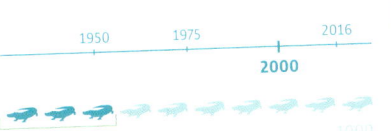

Wiederentdeckung Wüstenkrokodil im Jahr:

1950   1975   2016
2000

Gesamtpopulation:

300   1000

Special

Die Sahara hat sich über Jahrtausende von einer Savanne in eine Wüste verwandelt. Die Krokodile haben sich an die schlechter werdenden Lebensbedingungen und den Wassermangel perfekt angepasst. Den Mauretanischen Wüstenkrokodilen wird es während der Trockenzeit im Sommer in der Wüste zu heiß. Dann graben sie sich unterirdische Gänge, in die sie sich manchmal monatelang verkriechen. Je weiter sich das Wasser in der Sahara unter die Oberfläche zurückzog, desto weiter wanderten die Krokodile mit ihm unter die Erde.

Nahrung

Das Krokodil frisst, was sich sonst noch an den Wasserstellen tummelt: Das sind Frösche, Fische und Vögel, die trinken wollen. Manchmal werden durstige Lämmer und Schafe von den Hirten ans Wasser geführt, die reißt das Krokodil gerne.

Überlebenskünstler

... heute ist die Sahara eine lebensfeindliche Wüste. Vor 6000 Jahren war sie noch eine grüne und wasserreiche Landschaft. Die Wüstenkrokodile sind Überlebende aus dieser Zeit.

... Krokodile brauchen Wasser. Wüstenkrokodile wissen, wo es zu finden ist: in unterirdischen Speichern, gespeist aus Quellwasser oder fossilem Wasser.

... nach starken Regenfällen, die allerdings sehr selten sind, findet man die Krokodile auch in Überschwemmungszonen, in denen sich das Regenwasser sammelt.

Das Geschlecht eines Krokodils ist von Umweltfaktoren abhängig.

EINBEINSTAND:
DER FLAMINGO

Ganz typisch:
Der Flamingo steht
auf einem Bein.

Flamingos sind ausgesprochen
gesellige Tiere. 10 000 Tiere, die in
einer Gruppe zusammenleben,
sind keine Seltenheit.

Der Einbeinstand:

... stehen Flamingos auf trockener Erde, dann meist auf beiden Beinen. Im Wasser bevorzugen sie den Einbeinstand. Sie kühlen dadurch nicht so schnell aus. Ein Bein gibt weniger Wärme an das Wasser ab als zwei.

... immer wieder wechseln sie ihr Standbein, so kann das ausgekühlte Bein im Federkleid aufgewärmt werden.

... im Kniegelenk des Flamingos gibt es eine knöcherne Struktur, die »einrastet«, sobald er das Bein durchstreckt. Sie hilft dem Vogel, ohne größere Muskelanstrengung auf einem Bein zu stehen und zu schlafen.

Die fünf verschiedenen Flamingo-Arten unterscheiden sich auch durch den Rotton ihres Gefieders.

STECKBRIEF

GRÖSSE: bis zu 1,4 m

FLÜGELSPANNWEITE: bis zu 1,6 m

LEBENSERWARTUNG: bis zu 30 Jahre

LEBENSRAUM: Europa, Afrika, Asien, Südamerika

NAHRUNG: Algen, kleine Krebse

Special

Flamingos haben einen sogenannten Seihschnabel. Mit ihm nehmen sie Wasser oder Schlamm auf und drücken die Flüssigkeit dann wieder über die Schnabelränder hinaus. Da der Flamingoschnabel an den Seiten Lamellen hat, kann die Flüssigkeit gut entweichen, größere Teile wie Algen und Krebse bleiben aber im Schnabel und müssen nur noch geschluckt werden. In den Algen und Krebsen befindet sich ein roter Farbstoff. Die Leber der Vögel kann ihn so klein aufspalten, dass er bis in die Federn gelangt und sie rot färbt.

Fortpflanzung

Ob Flamingos sich fortpflanzen, hängt von äußeren Bedingungen ab, von der Menge der Regenfälle und vom Wasserstand. Wenn sie es tun, dann in Kolonien. Der Abstand zwischen den Nestern ist oft geringer als die Länge eines Flamingohalses.

KAUM ZU GLAUBEN

Kleinster Flamingo (Zwergflamingo) Größe:
ca. 90 cm

Kleinster Flamingo (Zwergflamingo) Gewicht:
ca. 1,5 kg

EINHORN DER MEERE:

DER NARWAL

Alle Männchen haben einen Stoßzahn,
allerdings auch einige Weibchen.
Man kann also nicht einfach sagen:
Schwert = Männchen.

Wozu der Zahn?

... es gibt verschiedene Theorien zu dem Walzahn. Zunächst dachte man, durch seine Länge würde die Rangordnung unter den Männchen festgelegt: Je länger der Zahn, desto höher der Rang.

... einige Wissenschaftler meinten, mit dem Zahn würde der Wal Fische aufspießen, den Grund auf der Suche nach Nahrung aufwühlen oder die Eisdecke durchstoßen.

... mittlerweile haben Forscher herausgefunden, dass durch den Zahn zehn Millionen Nervenbahnen verlaufen, die Informationen über Wasserdruck, -temperatur und Salzgehalt an das Gehirn des Wals liefern.

Fortpflanzung

Die Paarungszeit der Narwale dauert von Ende März bis Anfang Mai. Das Junge wird 14 bis 15 Monate ausgetragen und zwei Jahre lang gesäugt. Bei der Geburt wiegt es 80 Kilogramm und ist etwa 1,50 Meter lang. Während des ersten Lebensjahres bricht der Stoßzahn beim kleinen Wal durch.

STECKBRIEF

GRÖSSE: bis zu 5 m

GEWICHT: bis zu 1600 kg

LEBENSERWARTUNG: ca. 40 Jahre

LEBENSRAUM: arktische Gewässer

NAHRUNG: Fische, Krebse, Tintenfische

Special

Der Narwalzahn wird im Schnitt zwei Meter lang. In der Regel ist es der linke vordere Zahn, der durch die Oberlippe bricht und weiterwächst. Die Männchen haben nur einen weiteren Zahn im Oberkiefer. In seltenen Fällen wächst auch er. Dann hat das Tier zwei Stoßzähne. Bei den Weibchen sind alle Zähne im Oberkiefer angelegt. Ein Zahn kann bis zu 10 Kilogramm wiegen und ist immer gegen den Uhrzeigersinn gedreht.

Fand man im Mittelalter einen Narwalzahn, ging man davon aus, dass er von einem Einhorn stamme.

KAUM ZU GLAUBEN

Größter Zahn: 2,74 m

Speckschicht gegen Kälte: 10 cm stark

ORGANISATIONSTALENT:
DER NACKTMULL

Am liebsten leben Nacktmulle in großen Bauen unter der Erde, dort hat jedes Tier eine spezielle Aufgabe.

Perfekt organisiert:

... bis zu 300 Nacktmulle leben in einem unterirdischen Bau zusammen. Sie organisieren sich ähnlich wie Insektenstaaten: Es gibt eine Königin, Arbeiter und Soldaten.

... die Arbeiter graben das unterirdische Gangsystem und reparieren es, die Soldaten bewachen die Eingänge und schützen die Bewohner vor Schlangen.

... gegraben wird mit den großen, kräftigen Schneidezähnen. Sie funktionieren wie Schaufeln und können einzeln bewegt werden.

Fortpflanzung

Nur die Königin und ein bis drei Männchen in einer Kolonie sind fruchtbar, alle anderen Tiere nicht. Bis zu 60 Jungtiere bringt die Königin pro Jahr auf die Welt. Um die Jungen kümmern sich ihre Geschwister im »Teenager-Alter«.

GRÖSSE: bis 10 cm

LEBENSERWARTUNG: bis 30 Jahre

LEBENSRAUM: Ostafrika

Nahrung

Die Nager fressen Pflanzenknollen, die keinen besonders großen Nährwert haben. Um sie gut zu verwerten, fressen sie ihren eigenen Kot. So können sie alle Nährstoffe optimal herausfiltern. Ihren Flüssigkeitsbedarf decken sie ebenfalls über die Nahrung.

Special

Die Körpertemperatur der kleinen Nager kann zwischen 12 und 32 Grad Celsius liegen, je nachdem wie warm oder kalt die Umgebung ist. Außerdem spüren Nacktmulle keinen Schmerz. Ihnen fehlt ein Molekül in der Haut, das für Schmerzempfinden mitverantwortlich ist. Zur Verständigung wird in den Kolonien gezwitschert: Die Mulle haben 18 verschiedene Laute, die ihnen zur Verständigung dienen. Das hört sich ein bisschen wie Vogelzwitschern an.

Der Mull kann seine Nagezähne einzeln bewegen.

KAUM ZU GLAUBEN

Höchste Lebenserwartung bei Nagern:
bis zu 30 Jahre   100 Jahre

Kaumuskulatur:
25 % der gesamten Muskelmasse   100 %

PUPSER:
DER SANDTIGERHAI

Auf die Jagd geht der Sandtigerhai vorwiegend nachts. Wie tief er taucht, hängt von der Menge Luft im Magen ab.

Schwebend lauern:

… das Gewicht seines Körpers würde den Hai auf den Meeresgrund absinken lassen. Fische gleichen ihr Gewicht über die Gase in der Schwimmblase aus; die haben Knorpelfische, zu denen der Hai zählt, aber nicht.

… die meisten Haie sind deshalb ständig in Bewegung, selbst während ihrer Ruhephasen. Der Sandtigerhai dagegen beherrscht einen Trick. Er schwimmt in regelmäßigen Abständen an die Oberfläche und schluckt Luft. So wird der Magen zur Schwimmblase.

… bevor der Hai abtaucht, muss er also pupsen, die Luft aus dem Magen entweichen lassen.

Einzelgänger

Eigentlich ist dieser Hai ein Einzelgänger, Haiverbände sieht man nur
während der saisonalen Wanderung.
Manchmal jagen die großen Tiere
auch gemeinsam.

Das Gebiss macht Angst,
für Schwimmer und Taucher ist der
Hai aber eigentlich keine Gefahr.

STECKBRIEF

GRÖSSE: bis zu 3,2 m

LEBENSERWARTUNG: unbekannt

LEBENSRAUM: gemäßigte, subtropische
und tropische Meere

Nahrung

Auf seinen Beutezügen jagt der
Hai mittelgroße Knochenfische.
Kleinere Artgenossen, Rochen,
Tintenfische und Krebse wandern
auch in sein großes Maul.

Special

Die Haimutter hat zwischen 15 und
25 Eier in ihren Eierstöcken. Diese werden
von verschiedenen Haivätern befruchtet.
Die Keimlinge schlüpfen in zwei gebär-
mutterähnlichen Aussackungen. Sie sind
sehr gefräßig. Als Erstes fressen sie ihren
Dottersack. Dann beginnen sie damit,
ihre Geschwister und Halbgeschwister zu
fressen. In jeder Aussackung bleibt nur das
stärkste Jungtier übrig, das schon bei der
Geburt ein perfekter Räuber ist.

KAUM ZU GLAUBEN

Geburtsgröße:
1 m   5 m

Tauchtiefe:
bis zu 200 m   1000 m

WARMBADER:
DER SCHNEEAFFE

Es gibt keine andere Affenart, die in einer so kalten Region lebt, wie die Japanmakaken. Deshalb baden die Affen in heißen Vulkanquellen, den »Onsen«.

Nachahmer:

… das Baden in heißen vulkanischen Quellen hat in Japan seit über 1000 Jahren Tradition. Forscher gehen davon aus, dass die Affen sich ihre Baderituale von den Menschen abgeschaut haben.

… die Affen steigen in das bis zu 40 Grad Celsius heiße Wasser, um sich aufzuwärmen. Die Tiere pflegen sich dabei gegenseitig das Fell und entspannen sich sichtlich.

… die Makaken baden nicht nur, sie sind auch gute Schwimmer. Einige von ihnen haben sogar gelernt zu tauchen.

Wenn einem Makaken im Wasser so richtig warm wird, dann bekommt er ein sehr rotes Gesicht.

GRÖSSE: bis zu 57 cm, Schwanzlänge bis zu 9 cm

LEBENSERWARTUNG: bis zu 20 Jahre

LEBENSRAUM: Japanische Hauptinseln

Special

Mit Artgenossen kommunizieren die Tiere über Laute und über den Gesichtsausdruck. Die Tiere bewegen sich auf Bäumen und Boden fort, geschlafen wird aber meist in den Bäumen.

Fortpflanzung

Die Affenmütter tragen ihre Jungen 170 Tage aus. Meist bringen sie ein Tier zur Welt. Zunächst klammert sich der kleine Makake am Bauch der Mutter fest. Mit ca. 4 Wochen beginnt er auf ihrem Rücken zu reiten. Entwöhnt wird er mit ungefähr einem Jahr.

Aus Spaß rollen sich die kleinen Affen Schneebälle.

Nahrung

Diese Affen sind Allesfresser: Sie ernähren sich von Beeren, Früchten, Kräutern, Pilzen und Nüssen. Vogeleier stehen ebenso auf dem Speiseplan wie Insekten und wirbellose Tiere. Wenn die Vorräte knapp werden, wird Baumrinde genagt oder sie graben nach Wurzeln.

KAUM ZU GLAUBEN

Schwimmstrecke: bis zu 500 Meter

Paarbindung: 1 ½ Tage

SCHWANZFEDER-GESANG:
DER ANNAKOLIBRI

Das Zirpen während der Balz wird durch die äußeren Federn des Schwanzes erzeugt.

Liebes-Sturzflug:

... die Männchen führen während ihres Balzflugs sehr gewagte Manöver aus: Sie steigen bis zu 30 Meter auf. Dann stürzen sie sich in die Tiefe.

... der Kolibri beschreibt dabei einen halsbrecherischen Bogen, an dessen tiefster Stelle er seine Schwanzfedern spreizt.

... ein Zirpen erklingt. Es entsteht mechanisch, weil der Fallwind durch die Innenseite der äußeren Schwanzfedern streicht. Dieser Ton, ein fünfgestrichenes C, überzeugt die Weibchen.

Die Weibchen haben ein weitaus unauffälligeres Federkleid als die Männchen. Damit sind sie brütend besser getarnt.

STECKBRIEF

GRÖSSE: bis 10 cm

GEWICHT: bis 4,4 g

LEBENSERWARTUNG: bis zu 8 Jahre

LEBENSRAUM: westliches Nordamerika bis Mexiko

Nahrung

Die kleinen Vögel ernähren sich sozusagen im Flug: Sie fangen Kleininsekten oder trinken Nektar, während sie flattern. Heckenkirschen, Johannisbeeren oder Bärentrauben picken sie allerdings wie alle anderen Vögel auch im Sitzen ab.

Fortpflanzung

Nach der Paarung trennen sich Männchen und Weibchen sofort wieder. Das Weibchen beginnt mit dem Nestbau. Zwischen 15 und 19 Tagen bebrütet das Weibchen seine zwei Eier. Die Jungen schlüpfen blind und ohne Federn. Bereits nach drei Wochen können die Kleinen fliegen.

Special

Weil er sich schnell und ständig bewegt, hat der kleine Vogel einen so hohen Stoffwechsel, dass er täglich fast sein eigenes Gewicht fressen muss. Die Männchen der Annakolibris haben eine auffallend rote Brust- und Kopffärbung. Die Weibchen sind ein bisschen unscheinbarer. Ihr Nest bauen die Weibchen aus Spinnweben, Flechten, Moosen und Pflanzenwolle. Sie verstecken es in Bäumen oder Sträuchern.

KAUM ZU GLAUBEN

Geschwindigkeit Sturzflug: bis 23 m/s — 50 m/s

Schwirrflug: 50 Schläge/s — 100 Schläge/s

MEISTER DER VERKLEIDUNG:
DIE ORCHIDEENMANTIS

Die Orchideenmantis ist ein
Lauerjäger. Für diese Jäger
ist es besonders wichtig,
nicht erkannt zu werden.

STECKBRIEF

GRÖSSE: 3 bis 6 cm

LEBENSERWARTUNG: 6 bis 8 Monate

LEBENSRAUM: Nordosten Indiens bis Indonesien

Nahrung

Die Schönheit fängt Fliegen, Mücken und Schaben, die sie dann mit ihren kräftigen Kauwerkzeugen kopfvoran frisst.

Tarnungskünstler:

... die Tarnung ist absolut meisterhaft, was Farbe und Form von Orchideenblüten anbelangt.

... Insekten, die nach Blüten suchen, achten auch auf eine bestimmte UV-Färbung, die für das menschliche Auge nicht sichtbar ist. Selbst diese wird von der Orchideenmantis nachgeahmt.

... an ihrem Hinterleib gibt es einen kleinen schwarzen Punkt. Fliegen verwechseln ihn mit einem fressenden Artgenossen und werden davon angelockt.

Hier sieht man, wie sich die Orchideenmantis an die rosa Blüte angepasst hat.

Fortpflanzung

Die Eiablage erfolgt zwei bis vier Wochen nach der Paarung. Das Weibchen verpackt die Eier in ein zuvor aufgeschäumtes Sekret. Sie formt es zu einer Art Zylinder, in dem die Eier dann in mehreren von Schaum getrennten Kammern liegen.

Special

Die Orchideenmantis sind Lauerjäger. Sie sitzen absolut regungslos auf den Blütenblättern, bis sich ihnen ein Leckerbissen nähert. Landet ein Tier außerhalb ihrer Reichweite, dann ahmen sie die Bewegungen von Blütenblättern im Wind nach, wenn sie sich ihm nähern. Die Schrecke reagiert so blitzschnell, wenn ein Insekt kommt, dass sie es sogar aus der Luft fangen kann.

BODENSTAUBSAUGER:
DER DUGONG

Beim Gründeln gräbt der Dugong die Wurzeln des Seegrases aus.

Fortpflanzung

Nach der Paarung dauert es 13 Monate, bis die Weibchen im flachen Wasser ein Jungtier gebären. Das Junge bleibt nach der Geburt zwei Jahre ganz dicht bei seiner Mutter. Droht Gefahr, versteckt es sich hinter ihr. Die Kleinen werden gesäugt, beginnen aber schnell damit, Seegras zu fressen.

GRÖSSE: bis zu 3 m

GEWICHT: bis zu 400 kg

LEBENSERWARTUNG: über 60 Jahre

LEBENSRAUM: seichte Gebiete im Indopazifik

Meeres-Pflug:

… Dugongs ernähren sich von Seegras, wobei sie mehr die Wurzeln interessieren als die Pflanzen.

… um an den Leckerbissen heranzukommen, müssen sie den Boden aufwühlen. Dabei schwimmen sie in Windungen und hinterlassen ganz typische flache Furchen.

… gegraben wird von ihnen mit der Oberlippe. Das Seegras wird geschüttelt, damit der Sand abfällt, und dann wird gefressen.

Erwachsenen Dugongs steuern mit den Vorderflossen, den Antrieb liefert die Schwanzflosse.

KAUM ZU GLAUBEN

Futtersuche pro Tag: 12 Stunden — 24 Stunden

Geburtsgewicht Kalb: bis 35 kg — 100 kg

Special

Dugongs sind groß und schwer, deshalb haben sie kaum natürliche Feinde. Werden sie von einem Hai angegriffen, dann schützt sie ihre dicke, robuste Haut. Sie sind standorttreue Tiere. Auf der Suche nach Nahrung durchschwimmen sie immer wieder ein und dasselbe Revier. Dugongs, die an Plätzen grasen, wo im Winter die Wassertemperatur deutlich niedriger ist, wandern aber in wärmere Wintergewässer. Zum Teil legen sie Strecken über hundert Kilometer zurück.

Unfälle

Dugongs finden ihr Futter in seichten Gewässern. Eine häufige Todesursache für Dugongs ist der Zusammenstoß mit Motorbooten.

GRAF DRACULA:
DER GEMEINE VAMPIR

Die scharfen Zähne helfen dem Vampir, seinem Wirtstier blutende Wunden zuzufügen.

Blutsensor:

… der kleine Vampir beißt sein Opfer immer genau an der richtigen Stelle, dort, wo eine Vene direkt unter der Haut verläuft.

… er riecht nicht etwa das Blut, er kann die Wärme des Blutes orten.

… sein Gesichtsnerv reagiert hoch-sensibel auf Temperaturen, die über 29 Grad Celsius liegen.

Fledermäuse leben in Gruppen von bis zu 20 Tieren. Man hat aber auch schon Kolonien mit über 1000 Tieren entdeckt.

Fortpflanzung

Nach der Paarung beläuft sich die Tragzeit auf sieben Monate. Einen Monat
wird das Jungtier gesäugt. Schon ab
dem zweiten Monat füttert die Mutter
Blut zu. Entwöhnt werden die kleinen
Vampire mit ca. 10 Monaten.

GRÖSSE: max. 9 cm

LEBENSERWARTUNG: bis 12 Jahre

LEBENSRAUM: Mittel- und Südamerika

Der Gemeine Vampir hat insgesamt
20 Zähne. Damit hat er weniger
als andere Fledermäuse.

Special

Der Gemeine Vampir ist nachtaktiv.
Er nähert sich springend und hüpfend
schlafenden Warmblütern, z. B. Ziegen
oder Kühen, und ritzt mit seinen
messerscharfen Schneidezähnen ihre
Haut auf. Der Vampir ist kein Blut-
sauger, auch wenn er in vielen Filmen
als solcher dargestellt wird. Die echten
Vampire lecken das Blut, das aus den
Wunden läuft, mit ihrer Zunge auf.
Der Biss ist nicht gefährlich, es sind die
Krankheiten, die durch ihn übertragen
werden, z. B. die Tollwut. Weil er häufig
die Nutztiere des Menschen infiziert,
wird er bekämpft.

KAUM ZU GLAUBEN

Größte Fledermaus-
Kolonie:

bis zu 2000 Tiere

Blutmenge
pro Mahlzeit:

bis zu 30 ml

DOPPELKOPF:
DER GABELSCHWANZ

Ein riesiges Scheinmaul und Scheinaugen sollen Fressfeinde abwehren.

Verteidigung:

… wird die Raupe gereizt, dann zieht sie ihren Kopf in das erste Brustsegment zurück. Der Angreifer sieht nur ein riesiges rotes Maul und ein Paar Scheinaugen.

… Stufe zwei der Verteidigung sind zwei Gabelfortsätze am hinteren Ende der Raupe, aus denen jeweils rote Fäden ausgefahren werden, die sich zitternd bewegen.

… lässt der Angreifer immer noch nicht von ihr ab, dann kann sie ihm bis zu 30 Zentimeter weit ein ameisensäureähnliches Sekret entgegensprühen.

Fortpflanzung

Die befruchteten Eier werden auf den Blättern der Raupen-Futterpflanze abgelegt. Haben die Raupen genug gefressen, verpuppen sie sich in einer kleinen Mulde in der Rinde, die sie zuvor nagen.

Die kugelförmigen Eier werden überwiegend paarweise abgelegt.

STECKBRIEF

LÄNGE RAUPE: bis zu 8 cm

LEBENSERWARTUNG: bis zu 2,5 Monate

LEBENSRAUM: von Europa bis nach China

Special

Die Raupen nagen vor der Verpuppung Mulden in die Pappelrinde, in die der Kokon später gelegt wird. So sind sie optimal getarnt. Der Kokon wird nicht nur aus Spinnfäden, sondern auch aus den winzigen Holzspänen gebaut, die beim Nagen der Mulde anfallen. Dank der Späne ist der Kokon besonders stabil. Er kann nur durch eine spezielle Flüssigkeit aufgeweicht werden, die die Raupe im Frühjahr ausscheidet.

KAUM ZU GLAUBEN

Größe Eier:
1,5 mm

Spannweite Falter:
bis zu 8 cm

Ausgewachsene Falter haben eine grau-weiße Färbung, die von dunklen Linien durchzogen ist.

Nahrung

Gabelschwanz-Raupen fressen die Blätter verschiedener Pappelarten, der Schmetterling saugt mit seinem Rüssel Blütennektar.

BILDNACHWEIS

MIX
Papier aus verantwor-
tungsvollen Quellen
FSC® C107574
www.fsc.org

© 2016 arsEdition GmbH, Friedrichstraße 9, 80801 München

Alle Rechte vorbehalten

Text: Annette Maas

Gestaltung und Herstellung: Weiß-Freiburg GmbH – Graphik & Buchgestaltung

ISBN 978-3-8458-1668-5

www.arsedition.de